Género Ficción

Pregunta esencial

¿Adónde te puede llevar la imaginación?

La ciudad celeste

Susana Panza
ilustrado por Andrea Arroyo

Capítulo 1

Lluvia de nácar

Era una tarde de otoño. Llovía y hacía y bastante frío. Jenny y Chang disfrutaban de la calidez de su cuarto.

De vez en cuando miraban el cielo gris. Tenían la ilusión de que las nubes cambiaran de rumbo y dejaran asomar un rayito de sol.

Estaban terminando con la tarea de matemáticas para la escuela.

Jenny y Chang iban a la escuela por la mañana. Estaban en el segundo grado.

¿Los dos hermanitos en el mismo grado? ¡Sí, porque Jenny y Chang eran mellizos!

Jenny y Chang eran buenos estudiantes. Les gustaba la clase de lectura. También la de historia. Cuando jugaban, inventaban personajes y sucesos muy divertidos. Los mellizos tenían mucha imaginación.

Hicieron su tarea y prepararon los útiles que debían llevar al día siguiente. Luego, acomodaron el cuarto y se miraron preguntándose: ¿Y ahora qué podemos hacer?

Se acercaron a la ventana y comenzaron a contemplar la lluvia.

Jenny propuso:

—¿Quieres que juguemos a imaginar? Empieza tú si lo deseas, pues la última vez comencé yo.

—Pensemos juntos— le contestó Chang.

Ellos nunca se sentían aburridos, ni siquiera en los días de lluvia. Jenny y Chang eran muy creativos.

Así pensaron en una ciudad celeste, más allá de las nubes, habitada por niños muy parecidos a ellos. Jenny y Chang viajaban en un carruaje hermoso conducido por el papá.

La lluvia se había convertido en cuentas de nácar, que caían muy suavemente.

Capítulo 2

El collar de los príncipes

Jenny permaneció callada por unos instantes. Luego, sus ojitos se iluminaron de alegría. Señaló hacia afuera para que Chang también mirase.

—¿Viste las gotas? ¿No parecen cuentas de nácar? —preguntó la niña.

Detective del lenguaje

La oración subrayada, ¿es exclamativa o interrogativa? ¿Cómo lo sabes?

—¡Son cuentas de nácar! Como las del collar de mamá, solo que estas son más grandes y brillantes —contestó Chang, iniciando el juego.

Dejaron volar su imaginación. En una gran ciudad, sobre las nubes, transitaba el carruaje dorado que conducía el papá.

Del carruaje tiraban dos caballitos alados. Las nubes eran blandos copos de algodón que se dibujaban en el camino. Papá se veía muy feliz. Y los mellizos convertidos en príncipes, sonreían y lo miraban tiernamente.

Las cuentas que caían del cielo, formaban parte de un larguísimo collar que se les perdió a los príncipes de ese mundo fantástico. Las hojas de los árboles, llevadas por el viento, eran mariposas de alas amarillas. En su vuelo, trataban de atrapar esas perlas para devolvérselas a sus dueños.

Jenny y Chang pensaron que quizás en el jardín encontrarían más cosas que los ayudaran a seguir imaginando. Miraron por la ventana.

Las pequeñas gotas de lluvia brillaban en el césped y en los caminitos del jardín. Jenny y Chang se miraron asombrados. ¡En su juego de imaginación, esas gotas podrían ser pequeños espejos que pertenecían a los príncipes! Eran fragmentos de espejos que ellos usaban para mirarse. El sol, cuando volviera a salir, se encargaría de devolvérselos.

Capítulo 3

Merienda fantástica

Tan entretenidos estaban pensando en esa ciudad fabulosa del cielo, que no advirtieron la presencia de papá en el cuarto.

Él los saludó cariñosamente. Se alegró de que los niños jugaran en armonía. Le contaron que habían creado una historia que ocurría en el cielo, por encima de las nubes.

Detective del lenguaje

¿Qué adverbio tiene la oración subrayada en esta página?

—¡Muy bien! —dijo papá—. Pero... ¿ya hicieron sus tareas?

—¡Sí, papá! —exclamaron los niños a coro.

—La maestra nos dio ejercicios de matemáticas. Los resolvimos todos —agregó Chang.

—Entonces —propuso papá—, como ya es la hora, ¿qué les parece si toman la merienda en su cuarto? Así pueden continuar con esa historia. Es una historia muy bonita. Es digna de un poeta.

Jenny y Chang aceptaron de buen grado.

Invitaron a papá a participar con ellos en el juego de buscar las cuentas de nácar que perdieron los príncipes.

¡Es tan lindo imaginar!

Respuesta a la lectura

Resumir

Usa detalles importantes para resumir *La ciudad celeste*.

Personaje	Pista	Punto de vista

Evidencia en el texto

1. ¿Cómo sabes que *La ciudad celeste* es un cuento de ficción? **Género**
2. En la página 8, ¿por qué quería Jenny que Chang mirara hacia afuera? Incluye detalles del cuento. **Punto de vista**
3. ¿Con qué se comparan las nubes en la página 10? **Metáforas**
4. Describe la ciudad celeste que imaginaron Jenny y Chang. Usa detalles del cuento. **Escribir sobre la lectura**

Género **Poesía**

Compara los textos

Ahora lee un poema sobre adónde te puede llevar la imaginación.

En un trozo de papel

Antonio García Teijeiro

En un trozo de papel
con un simple lapicero
yo tracé una escalerita,
tachonada de luceros.

Hermosas estrellas de oro.
De plata no había ninguna.
Yo quería una escalera
para subir a la Luna.

Para subir a la Luna
y secarle sus ojitos,
no me valen los luceros,
como humildes peldañitos.

¿Será porque son dorados
en un cielo azul añil?
Sólo sé que no me sirven
para llegar hasta allí.

Estrellitas y luceros,
pintados con mucho amor,
¡quiero subir a la Luna
y llenarla de color!

Haz conexiones

¿Adónde lleva la imaginación a la niña del poema? **Pregunta esencial**

¿Cómo usan su imaginación los niños en el cuento y en el poema? **El texto y otros textos**

Enfoque:

Elementos literarios

Diálogo Cuando los personajes hablan entre ellos, usan el diálogo. El diálogo puede ayudarte a comprender el punto de vista de un personaje.

Lee y descubre Mientras lees un cuento, busca las rayas de diálogo (—). Las rayas indican cuándo habla un personaje. Mira este ejemplo de *La ciudad celeste*:

—¡Sí, papá! —exclamaron los niños a coro.

Tu turno

Escribe un cuento donde aparezca el diálogo entre los personajes. Haz que tus personajes vivan una aventura en su imaginación. Usa rayas de diálogo cada vez que hable un personaje.